# Überlebends
# Hand Buch

## 11 Notfall Szenarien

Autor: J.Sander 2023

# Vorwort

Notfälle und Katastrophen können unerwartet und plötzlich eintreten, sei es eine Naturkatastrophe wie ein Hurrikan, ein Erdbeben oder ein Waldbrand, oder eine menschengemachte Krise wie Krieg oder Pandemien. In solchen Situationen ist es wichtig, die richtigen Überlebensstrategien zu kennen und zu wissen, wie man sich selbst und seine Familie schützen kann.

Dieses Buch bietet einen umfassenden Leitfaden für den Umgang mit Notfallsituationen und Überlebensstrategien in verschiedenen Szenarien. Von der Vorbereitung auf Naturkatastrophen bis hin zu Überlebensstrategien in der Wildnis oder bei Flugzeugabstürzen werden in diesem Buch praktische Ratschläge und Anleitungen gegeben, die Ihnen helfen, in schwierigen Situationen zu überleben.

Die darin enthaltenen Informationen basieren auf aktuellen Erkenntnissen und bewährten Techniken, die von erfahrenen Überlebens- und Notfallexperten zusammengestellt wurden. Die Kapitel sind so gestaltet, dass sie leicht verständlich sind und Schritt-für-Schritt-Anleitungen enthalten, die in jeder Situation angewendet werden können.

Wir hoffen, dass dieses Buch dazu beiträgt, Ihre Überlebenschancen in Notfallsituationen zu erhöhen und Ihnen das Wissen und die Fähigkeiten vermittelt, die Sie benötigen, um sich in jeder Krise zurechtzufinden.

Denken Sie daran: Eine sorgfältige Vorbereitung und das Wissen, wie man in einer Krise reagiert, können den Unterschied zwischen Leben und Tod ausmachen. Seien Sie bereit und bleiben Sie sicher.


J.Sander

# Einleitung

Es gibt viele Szenarien, in denen Überlebenstipps nützlich sein können, insbesondere in Notfällen oder Krisensituationen. Einige Beispiele dafür sind:

1. Naturkatastrophen wie Überschwemmungen, Erdbeben, Hurrikane, Tornados oder Waldbrände
2. Unfälle wie Autounfälle oder Flugzeugabstürze
3. Verirren im Wald oder in der Wildnis
4. Kriegs- oder Konfliktsituationen
5. Pandemien oder Epidemien
6. Städte- oder Gebäudeevakuierungen
7. Terroranschläge oder Schießereien
8. Stromausfälle oder andere Versorgungsunterbrechungen
9. Schiffbruch oder Flugzeugabsturz auf dem Meer
10. Notlandungen im Gebirge oder in unwegsamem Gelände
11. Schnee und Erdlawinen

In all diesen Szenarien können Überlebenstipps helfen, um das Überleben zu sichern und die Wahrscheinlichkeit zu erhöhen, gerettet zu werden. Einige wichtige Tipps könnten beinhalten, wie man Wasser und Nahrung findet, ein Notlager baut, sich vor Verletzungen schützt, wie man Feuer macht, Signale sendet und die Umgebung überwacht.

Gute Überlebenstipps für Naturkatastrophen hängen oft von der Art der Katastrophe ab. Hier sind einige spezifische Tipps für die genannten Szenarien

Szenario 1.

### Überschwemmungen:

- Wenn Sie in einer Gegend leben, die von Überschwemmungen betroffen sein kann, sollten Sie vorbeugende Maßnahmen ergreifen, wie z.B. den Kauf von Hochwasserversicherungen und die Erstellung eines Evakuierungsplans.
- Wenn Sie sich in Ihrem Haus oder Gebäude befinden und von einer Überschwemmung betroffen sind, schalten Sie sofort die Stromversorgung aus, um Stromschläge zu vermeiden. Vermeiden Sie es, durch das Wasser zu waten, da dies gefährliche Strömungen und versteckte Gefahren wie herumliegende Gegenstände und Kanalisationen geben könnte. Falls Sie aufgefordert werden, sich zu evakuieren, tun Sie dies sofort.

### Erdbeben:

- Wenn Sie sich in einem Gebäude befinden, suchen Sie Schutz unter einem stabilen Möbelstück, das Sie vor herabfallenden Gegenständen schützt. Suchen Sie Deckung unter Tischen oder Schreibtischen und halten Sie sich fern von Fenstern und Schränken, da diese herunterfallen könnten. Wenn Sie im Freien sind, suchen Sie einen offenen Bereich ohne Bäume, Gebäude oder Stromleitungen auf. Bleiben Sie während des Erdbebens an Ort und Stelle, bis die Erschütterungen aufhören.

### Hurrikane:

- Bevor ein Hurrikan eintrifft, sollten Sie alle Vorbereitungen treffen, wie z.B. das Auffüllen von Wasserflaschen, das Vorrätighalten von Lebensmitteln und das Auffüllen von Medikamenten. Bewahren Sie wichtige Dokumente wie Pässe, Ausweise und Versicherungspolicen in wasserdichten Behältern auf, um sie vor Überschwemmungen zu schützen.
- Wenn Sie aufgefordert werden, sich zu evakuieren, tun Sie dies sofort. Folgen Sie den Anweisungen von lokalen Behörden und verlassen Sie gefährdete Gebiete. Schließen und sichern Sie Fenster und Türen, um den Wind zu minimieren und Schäden zu verhindern.

Tornados:

- Wenn Sie in einer Gegend leben, in der Tornados häufig auftreten, sollten Sie ein Notfall-Kit zusammenstellen, das Wasser, Lebensmittel und Erste-Hilfe-Ausrüstung enthält. Halten Sie dieses Kit in einem sicheren, zugänglichen Bereich auf.
- Wenn Sie im Freien sind und einen Tornado nähert sich, suchen Sie schnell Schutz. Vermeiden Sie Baumgruppen oder Waldgebiete, da herumfliegende Trümmer dort aufgrund der Bäume noch gefährlicher sein können. Wenn Sie sich in einem Gebäude aufhalten, suchen Sie einen unterirdischen Schutzraum oder einen stabilen Raum im unteren Stockwerk auf.

Waldbrände:

- Wenn Sie in einer Gegend leben, in der Waldbrände häufig auftreten, sollten Sie ein Evakuierungsplan erstellen, der im Notfall schnell umgesetzt werden kann. Sammeln Sie Vorräte, wie Wasser und Nahrungsmittel, bevor Sie evakuiert werden
- .Um in einem Notfall, insbesondere bei einem Brand, vorbereitet zu sein, sollten Sie folgende Dinge haben:
- Rauchmelder: Rauchmelder sind ein wichtiger Bestandteil jeder Brandschutzvorrichtung. Sie sollten in jedem Raum Ihres Hauses oder Ihrer Wohnung installiert sein und mindestens einmal im Jahr getestet werden, um sicherzustellen, dass sie funktionieren.
- Feuerlöscher: Es ist immer eine gute Idee, einen Feuerlöscher in Ihrem Haus oder Ihrer Wohnung zu haben. Stellen Sie sicher, dass er leicht zugänglich ist und dass Sie wissen, wie er verwendet wird.
- Notfall-Fluchtplan: Es ist wichtig, einen Fluchtplan zu haben, falls ein Brand ausbricht. Besprechen Sie den Plan mit Ihrer Familie oder Mitbewohnern und üben Sie regelmäßig, damit jeder weiß, was im Notfall zu tun ist.Feuerfeste
- Safe: Wenn Sie wichtige Dokumente oder Wertsachen haben, sollten Sie sie in einem feuerfesten Safe aufbewahren, um sie vor Feuer und Rauch zu schützen.

Szenario 2

Unfälle wie Autounfälle oder Flugzeugabstürze

Bei Autounfällen sollten Sie folgende Schritte unternehmen:

1. Rufen Sie den Notruf: Rufen Sie sofort den Notruf an, um medizinische Hilfe und Unterstützung anzufordern.
2. Stellen Sie das Fahrzeug ab: Stellen Sie das Fahrzeug ab, wenn möglich an einem sicheren Ort, um weitere Schäden und Unfälle zu vermeiden.
3. Verlassen Sie das Fahrzeug: Verlassen Sie das Fahrzeug, wenn es sicher ist, und bringen Sie sich und andere in Sicherheit.
4. Markieren Sie den Unfallort: Stellen Sie Warnzeichen wie Warnwesten, Warndreiecke oder Leuchten auf, um andere Verkehrsteilnehmer auf den Unfallort aufmerksam zu machen.
5. Helfen Sie anderen: Wenn Sie medizinische Kenntnisse haben, können Sie den Verletzten helfen, bis die Rettungskräfte eintreffen.

Bei einem Flugzeugabsturz sollten Sie folgende Schritte unternehmen:

1. Bewahren Sie Ruhe: Bewahren Sie Ruhe und versuchen Sie, einen kühlen Kopf zu bewahren.
2. Folgen Sie den Anweisungen der Besatzung: Folgen Sie den Anweisungen der Besatzung und versuchen Sie, so schnell wie möglich das Flugzeug zu verlassen.
3. Bringen Sie sich in Sicherheit: Verlassen Sie das Flugzeug so schnell wie möglich und bringen Sie sich und andere in Sicherheit.
4. Verlassen Sie das Absturzgebiet: Verlassen Sie das Absturzgebiet so schnell wie möglich und suchen Sie nach Hilfe.
5. Vermeiden Sie verletzte Gebiete: Vermeiden Sie verletzte Gebiete und folgen Sie den Anweisungen der Rettungskräfte.
6. Rufen Sie den Notruf: Rufen Sie den Notruf an, um medizinische Hilfe und Unterstützung anzufordern.

Szenario 3

Verirren im Wald oder in der Wildnis

Wenn Sie sich im Wald oder in der Wildnis verirrt haben, gibt es einige wichtige
Schritte, die Sie unternehmen können, um Ihre Chancen auf Rettung zu erhöhen
und sicher wieder nach Hause zu kommen:

1. Bleiben Sie ruhig und denken Sie klar. Vermeiden Sie Panik und nehmen Sie
   sich Zeit, um Ihre Situation zu bewerten.
2. Bleiben Sie an Ort und Stelle, wenn Sie sich nicht sicher sind, wohin Sie
   gehen sollen. Es ist leichter, Sie zu finden, wenn Sie an einem Ort bleiben,
   anstatt sich weiter zu bewegen.
3. Verwenden Sie ein Notsignal. Wenn Sie einen Notfall haben, sollten Sie ein
   Notsignal geben, um Hilfe zu erhalten. Dazu können Sie zum Beispiel drei
   laute Signale abgeben oder ein helles Licht erzeugen, um Aufmerksamkeit
   zu erregen.
4. Machen Sie sich bemerkbar. Wenn Sie auf sich aufmerksam machen
   möchten, können Sie zum Beispiel laut rufen oder pfeifen.
5. Orientieren Sie sich anhand von Markierungen. Wenn Sie in der Lage sind,
   sich anhand von Markierungen wie Bäumen, Felsen oder Wasserläufen zu
   orientieren, können Sie möglicherweise Ihren Weg zurückfinden.
6. Verwenden Sie eine Karte und einen Kompass. Wenn Sie eine Karte und
   einen Kompass zur Hand haben, können Sie Ihre Position bestimmen und
   eine Route zurück zur Zivilisation planen.
7. Sammeln Sie Wasser und Nahrung. Wenn Sie in der Wildnis gestrandet sind,
   sollten Sie nach Wasserquellen suchen und Nahrung suchen, um Ihre
   Energie zu erhalten.
8. Errichten Sie einen Schutz. Wenn Sie in der Lage sind, einen Schutz wie eine
   Hütte oder einen Unterstand zu bauen, können Sie sich vor
   Witterungseinflüssen schützen.
9. Bleiben Sie aufrecht. Versuchen Sie, Ihre Stimmung aufrechtzuerhalten und
   positiv zu denken. Dies kann Ihnen helfen, durch schwierige Zeiten zu
   kommen, während Sie auf Rettung warten.Es ist auch wichtig, dass Sie
   Freunden oder Verwandten sagen, wo Sie hingehen werden, bevor Sie sich
   auf den Weg machen, und dass Sie sicherstellen, dass Sie über ausreichende
   Vorräte und Ausrüstung verfügen, um mögliche Notfälle zu bewältigen.

Szenario 4

Kriegs- oder Konfliktsituationen

Wenn Sie in einem Kriegsfall oder einem ähnlichen Konfliktgebiet leben, sollten Sie sich auf Notfallsituationen vorbereiten und eine Ausrüstung zusammenstellen, die Sie im Falle einer Flucht oder Evakuierung mitnehmen können. Hier sind einige Dinge, die in Ihrer Notfallausrüstung enthalten sein sollten:

1. Ein Rucksack: Ein robuster Rucksack, der bequem zu tragen ist und genügend Platz bietet, um alle Ihre notwendigen Ausrüstungen zu transportieren.
2. Wasser: Wasser ist in jeder Notfallsituation von entscheidender Bedeutung. Tragen Sie mindestens 2 Liter Wasser pro Person pro Tag mit sich.
3. Lebensmittel: Tragen Sie energiereiche, langlebige Lebensmittel wie Energieriegel, Nüsse und Konserven mit sich.
4. Medizinische Versorgung: Packen Sie ein Erste-Hilfe-Set ein, das Verbandsmaterialien, Schmerzmittel und Medikamente gegen Durchfall, Magenbeschwerden und andere häufige Beschwerden enthält. Wenn Sie eine spezielle medizinische Versorgung benötigen, sollten Sie dies ebenfalls einpacken.
5. Kleidung: Packen Sie robuste, wetterfeste Kleidung ein, die den Bedingungen vor Ort entspricht. Dazu gehören wetterfeste Jacken, Hosen und Schuhe sowie warme Kleidung, wenn es kalt wird.
6. Taschenlampe: Eine Taschenlampe oder Stirnlampe kann in der Nacht oder bei schlechten Sichtverhältnissen hilfreich sein.
7. Feuerstarter: Tragen Sie einen Feuerstarter wie z.B. Feuerstahl, Feuerzeug oder Streichhölzer mit sich.
8. Werkzeug: Ein Schweizer Taschenmesser oder Multitool ist sehr nützlich, um bei Reparaturen oder im Notfall zu helfen.
9. Dokumente: Wichtige Dokumente wie Ausweise, Reisepässe, Führerscheine und medizinische Dokumente sollten immer griffbereit sein.
10. Kommunikationsmittel: Tragen Sie ein Mobiltelefon mit sich, wenn möglich, um Kontakt mit anderen aufnehmen zu können. Achten Sie jedoch darauf, dass Sie Ihre Telefonaktivitäten auf ein Minimum beschränken, um nicht aufzufallen.

Es ist auch wichtig, regelmäßig zu überprüfen, ob Ihre Notfallausrüstung vollständig ist und sie gegebenenfalls zu aktualisieren, um sicherzustellen, dass Sie im Notfall alles Notwendige bei sich haben

Szenario 5

Pandemien oder Epidemien

In einer Notsituation Epidemie sollten Sie die folgenden Schritte unternehmen:

1. Bleiben Sie informiert: Halten Sie sich über die aktuelle Lage und die Anweisungen der Regierung und Gesundheitsbehörden auf dem Laufenden.
2. Vermeiden Sie Kontakte: Vermeiden Sie enge Kontakte mit Menschen und meiden Sie überfüllte öffentliche Orte, insbesondere wenn es sich um bekannte Infektionsherde handelt.
3. Tragen Sie eine Maske: Wenn Sie in der Öffentlichkeit unterwegs sind, tragen Sie eine Maske, um sich selbst und andere zu schützen.
4. Waschen Sie Ihre Hände: Waschen Sie regelmäßig Ihre Hände mit Seife und Wasser oder desinfizieren Sie sie mit einem geeigneten Desinfektionsmittel.
5. Vermeiden Sie unnötige Reisen: Vermeiden Sie unnötige Reisen, insbesondere in betroffene Gebiete.
6. Lagern Sie Lebensmittel und Vorräte: Stellen Sie sicher, dass Sie genug Vorräte und Lebensmittel für mindestens zwei Wochen haben, um sich auf eine Quarantäne vorzubereiten.
7. Beruhigen Sie Ihre Mitmenschen: Beruhigen Sie Ihre Familie, Freunde und Nachbarn und ermutigen Sie sie, ähnliche Vorsichtsmaßnahmen zu ergreifen.
8. Wenden Sie sich an die Gesundheitsbehörden: Wenn Sie Symptome einer Infektion bemerken, wenden Sie sich umgehend an die Gesundheitsbehörden und befolgen Sie deren Anweisungen.

In einer Notlage aufgrund einer Pandemie sollten Sie die folgenden Schritte unternehmen:

1. Bleiben Sie informiert: Halten Sie sich über die aktuelle Lage und die Anweisungen der Regierung und Gesundheitsbehörden auf dem Laufenden.
2. Vermeiden Sie Kontakte: Vermeiden Sie enge Kontakte mit Menschen und meiden Sie überfüllte öffentliche Orte, insbesondere wenn es sich um bekannte Infektionsherde handelt.
3. Tragen Sie eine Maske: Wenn Sie in der Öffentlichkeit unterwegs sind, tragen Sie eine Maske, um sich selbst und andere zu schützen.
4. Waschen Sie Ihre Hände: Waschen Sie regelmäßig Ihre Hände mit Seife und Wasser oder desinfizieren Sie sie mit einem geeigneten Desinfektionsmittel.
5. Vermeiden Sie unnötige Reisen: Vermeiden Sie unnötige Reisen, insbesondere in betroffene Gebiete.
6. Lagern Sie Lebensmittel und Vorräte: Stellen Sie sicher, dass Sie genug Vorräte und Lebensmittel für mindestens zwei Wochen haben, um sich auf eine Quarantäne vorzubereiten.
7. Halten Sie Abstand: Halten Sie Abstand von anderen Personen und vermeiden Sie Körperkontakt wie Händeschütteln und Umarmungen.
8. Reinigen Sie häufig benutzte Gegenstände: Reinigen Sie regelmäßig häufig benutzte Gegenstände wie Türgriffe, Lichtschalter und Mobiltelefone.
9. Beruhigen Sie Ihre Mitmenschen: Beruhigen Sie Ihre Familie, Freunde und Nachbarn und ermutigen Sie sie, ähnliche Vorsichtsmaßnahmen zu ergreifen.
10. Wenden Sie sich an die Gesundheitsbehörden: Wenn Sie Symptome einer Infektion bemerken, wenden Sie sich umgehend an die Gesundheitsbehörden und befolgen Sie deren Anweisungen.

Szenario 6

Städte- oder Gebäudeevakuierungen

In Notfallsituationen wie Städte- oder Gebäudeevakuierungen ist es wichtig, schnell und geordnet zu handeln. Hier sind einige wichtige Schritte, die du befolgen solltest:

1. Höre auf Durchsagen und Anweisungen: In vielen Fällen werden Durchsagen über Lautsprecher oder über andere Medien wie Radio oder Fernsehen gemacht. Es ist wichtig, diesen Anweisungen zu folgen und den Anweisungen des Personals oder der Rettungskräfte zu gehorchen.
2. Sammle wichtige Gegenstände: Wenn du Zeit hast, sammle wichtige Gegenstände wie Ausweise, Geld, Medikamente, Mobiltelefon und Ladegeräte. Wenn du eine Tasche oder einen Rucksack hast, ist es am besten, sie mitzunehmen.
3. Verlasse das Gebäude oder den Bereich: Folge den ausgewiesenen Fluchtwegen und verlasse das Gebäude oder den betroffenen Bereich so schnell und sicher wie möglich. Wenn du Treppen benutzt, gehe langsam und vorsichtig, um Stürze zu vermeiden.
4. Halte dich an die Menschenmenge: Wenn es viele Menschen gibt, die das Gebäude oder den Bereich verlassen, halte dich an die Menschenmenge und versuche nicht, gegen den Strom zu schwimmen. Das kann gefährlich sein und die Evakuierung verlangsamen.
5. Verlasse den Bereich und bleibe in Sicherheit: Sobald du den Bereich verlassen hast, befolge weitere Anweisungen der Rettungskräfte oder Polizei und suche einen sicheren Ort auf.

Es ist wichtig, ruhig zu bleiben und so schnell wie möglich zu handeln, um das Risiko von Verletzungen oder Schäden zu minimieren.

Szenario 7

Terroranschläge oder Schießereien

In einer Situation mit Terroranschlägen oder Schießereien ist es wichtig, schnell
und angemessen zu handeln, um das eigene Leben und das anderer zu schützen.
Hier sind einige Tipps, die in solchen Situationen hilfreich sein können:

1. Bleiben Sie ruhig: In einer stressigen Situation ist es leicht, in Panik zu
   geraten, aber versuchen Sie, ruhig zu bleiben und rational zu handeln.
2. Suchen Sie Schutz: Wenn Sie in der Nähe eines Gebäudes oder eines
   sicheren Ortes sind, gehen Sie hinein und schließen Sie die Türen.
   Vermeiden Sie es, in offenen Bereichen zu bleiben.
3. Verstecken Sie sich: Wenn Sie nicht in der Lage sind, einen sicheren Ort zu
   erreichen, suchen Sie nach einem Ort, an dem Sie sich verstecken können.
   Versuchen Sie, aus der Sichtlinie des Täters zu bleiben.
4. Alarmieren Sie andere: Wenn Sie in der Lage sind, informieren Sie andere
   über die Situation. Rufen Sie die Polizei oder andere Notdienste an, um Hilfe
   zu rufen.
5. Bewegen Sie sich schnell: Wenn Sie nicht in der Lage sind, sich zu
   verstecken, versuchen Sie, schnell und vorsichtig aus der Gefahrenzone zu
   kommen.
6. Folgen Sie den Anweisungen der Sicherheitskräfte: Wenn Sie von der Polizei
   oder anderen Sicherheitskräften aufgefordert werden, etwas zu tun, folgen
   Sie ihren Anweisungen.
7. Bleiben Sie auf dem Laufenden: Halten Sie sich über die neuesten
   Entwicklungen auf dem Laufenden, um zu wissen, wann es sicher ist, sich zu
   bewegen.

Es ist wichtig, sich bewusst zu sein, dass es in diesen Situationen kein "richtiges"
Vorgehen gibt und jeder Fall anders ist. Bleiben Sie ruhig und versuchen Sie,
schnell und sicher zu handeln.

Szenario 8

Stromausfälle oder andere Versorgungsunterbrechungen

Wenn ein Stromausfall länger anhält, sollten Sie einige wichtige Schritte unternehmen:

1. Bleiben Sie ruhig: Ein Stromausfall kann sehr beängstigend sein, aber es ist wichtig, ruhig zu bleiben und sich zu konzentrieren.
2. Überprüfen Sie Ihre Vorräte: Überprüfen Sie Ihre Vorräte und stellen Sie sicher, dass Sie genug Wasser, Lebensmittel und andere Notfallversorgungen haben, um mindestens 72 Stunden ohne Strom auszukommen.
3. Reduzieren Sie den Energieverbrauch: Schalten Sie alle nicht unbedingt notwendigen elektrischen Geräte aus, um Energie zu sparen. Halten Sie Türen und Fenster geschlossen, um Wärme zu speichern oder abzugeben, je nach Jahreszeit.
4. Vermeiden Sie Kerzen: Vermeiden Sie das Anzünden von Kerzen, da diese ein Feuer auslösen können. Verwenden Sie stattdessen batteriebetriebene Lampen oder Taschenlampen.
5. Halten Sie das Kühlschrank und Gefrierfach geschlossen: Wenn der Stromausfall länger als 4 Stunden dauert, sollten Sie den Kühlschrank und Gefrierfach geschlossen halten, um die Kälte im Inneren zu bewahren.
6. Bleiben Sie informiert: Halten Sie ein batteriebetriebenes Radio oder eine tragbare Radio-App auf Ihrem Mobiltelefon bereit, um über aktuelle Informationen und Anweisungen informiert zu bleiben.
7. Seien Sie vorsichtig im Straßenverkehr: Wenn der Stromausfall den Verkehr beeinträchtigt, seien Sie besonders vorsichtig und achten Sie auf Straßensperrungen, um Unfälle zu vermeiden.

Bei Versorgungsunterbrechungen, Wassermangel oder Gasleck ist es wichtig, ruhig zu bleiben und besonnen zu handeln. Hier sind einige Tipps, wie man sich verhalten kann:

1. Informieren Sie sich: Finden Sie heraus, was die Ursache der Unterbrechung ist, wie lange sie voraussichtlich dauern wird und welche Maßnahmen getroffen werden, um das Problem zu lösen.
2. Vorräte prüfen: Überprüfen Sie Ihre Vorräte an Lebensmitteln, Wasser, Batterien und anderen wichtigen Gütern, um sicherzustellen, dass Sie genug haben, um die Unterbrechung zu überstehen.
3. Sparen Sie Energie: Schalten Sie alle nicht unbedingt notwendigen Geräte und Elektrogeräte aus, um Energie zu sparen. Halten Sie den Kühlschrank oder Gefrierschrank geschlossen, um die Kühlung aufrechtzuerhalten.
4. Wasser sparen: Verwenden Sie Wasser sparsam und sammeln Sie Regenwasser oder Schmelzwasser, wenn möglich. Beachten Sie jedoch, dass Sie bei längeren Versorgungsunterbrechungen das Wasser möglicherweise abkochen oder filtern müssen, bevor Sie es trinken.
5. Alternative Heizquellen: Wenn Sie in einem kalten Klima leben, sollten Sie alternative Heizquellen wie Kaminöfen oder tragbare Heizgeräte vorbereiten, falls die Stromversorgung ausfällt.
6. Notstromversorgung: Wenn Sie eine Notstromversorgung haben, überprüfen Sie regelmäßig die Batterieleistung und halten Sie zusätzliche Batterien bereit.
7. Kontakt halten: Halten Sie Ihr Mobiltelefon aufgeladen und nutzen Sie es nur in Notfällen. Überprüfen Sie auch regelmäßig die örtlichen Nachrichten und sozialen Medien, um auf dem Laufenden zu bleiben.
8. Vorsichtsmaßnahmen: Vermeiden Sie bei einem Gasleck oder einer Störung der Gasversorgung offenes Feuer und elektrische Geräte, da diese Funken erzeugen können.

Durch die Vorbereitung auf Versorgungsunterbrechungen können Sie sicherstellen, dass Sie und Ihre Familie im Notfall sicher sind und so gut wie möglich durch die Situation kommen

Szenario 9

Schiffbruch oder Flugzeugabsturz auf dem Meer

Natürlich gibt es viele Details, die man in einer solchen Situation berücksichtigen sollte. Hier sind einige detailliertere Erklärungen zu den oben genannten Schritten:

1. Schwimmweste anlegen: Wenn Sie keine Schwimmweste haben, suchen Sie nach irgendetwas, das als Flotation dienen kann, z. B. ein Stück Treibholz oder ein aufgeblasenes Gummiboot. Ziehen Sie enge Kleidung aus, um die Lufttaschen zwischen der Kleidung und der Haut zu reduzieren und so das Absinken im Wasser zu verhindern.
2. Zusammenbleiben: Bleiben Sie so nah wie möglich zusammen und vermeiden Sie es, sich zu weit von der Gruppe zu entfernen. Dies erhöht die Chancen, gefunden zu werden.
3. Suchen Sie nach Hilfe: Versuchen Sie, nach einer Möglichkeit zu suchen, Hilfe zu signalisieren. Verwenden Sie Gegenstände wie Spiegel, Pfeifen, Signalraketen oder Signalflaggen, um Aufmerksamkeit zu erregen.
4. Überlebensausrüstung nutzen: Nutzen Sie alles, was Ihnen zur Verfügung steht, um Ihre Überlebenschancen zu erhöhen. Überprüfen Sie die Rettungsausrüstung auf das Vorhandensein von Notfunkgeräten, Lichtern und anderen Überlebenswerkzeugen.
5. Trinkwasser und Nahrung besorgen: Wenn Sie im Meer schwimmen, vermeiden Sie es, Salzwasser zu trinken, da es Dehydration verursachen kann. Versuchen Sie, Süßwasserquellen zu finden, indem Sie Regenwasser auffangen oder feuchte Kleidung auswringen. Essbare Pflanzen oder Tiere im Meer können Ihre Nahrungsversorgung sein. Es ist jedoch wichtig, die Sicherheit und die potenzielle Toxizität von Pflanzen und Tieren zu berücksichtigen, bevor Sie sie verzehren.
6. Vermeiden Sie Sonnenbrand: Sonnenbrand kann schmerzhaft sein und das Risiko von Hautkrebs erhöhen. Decken Sie sich mit Kleidung ab, tragen Sie einen Hut und tragen Sie Sonnenschutzmittel auf.
7. Vermeiden Sie Salzwasser: Trinken Sie kein Salzwasser, auch nicht in kleinen Mengen. Salzwasser kann zu Dehydration führen, was Ihre Überlebenschancen erheblich beeinträchtigen kann.
8. Vermeiden Sie den Verzehr von Meeresfrüchten: Meeresfrüchte können mit Giftstoffen belastet sein, die Ihre Gesundheit beeinträchtigen können. Es ist daher am besten, den Verzehr von Meeresfrüchten zu vermeiden.
9. Bleiben Sie mental stark: Eine starke mentale Einstellung kann Ihnen helfen, auch in schwierigen Situationen durchzuhalten.
12. Notlandungen im Gebirge oder in unwegsamem Gelände

Szenario 10

Notlandungen im Gebirge oder in unwegsamem Gelände

Wenn es zu einer Notlandung im Gebirge oder in unwegsamem Gelände kommt, ist es wichtig, ruhig zu bleiben und schnell zu handeln. Hier sind einige wichtige Schritte, die Sie unternehmen sollten:

1. Bleiben Sie im Flugzeug oder suchen Sie Schutz: Wenn das Flugzeug noch intakt ist, bleiben Sie an Bord und schnallen Sie sich an. Das Flugzeug bietet Ihnen Schutz vor den Elementen. Wenn Sie das Flugzeug verlassen müssen, suchen Sie Schutz in der Nähe. Wenn es keinen Schutz gibt, suchen Sie nach einem Ort, der vor Wind und Schnee geschützt ist.
2. Überprüfen Sie auf Verletzungen: Stellen Sie sicher, dass Sie und Ihre Mitreisenden in Sicherheit sind und überprüfen Sie, ob jemand verletzt ist. Wenn ja, leisten Sie Erste Hilfe, wenn Sie dazu in der Lage sind.
3. Signalisieren Sie nach Hilfe: Versuchen Sie, auf sich aufmerksam zu machen, indem Sie ein Feuer machen, einen Notruf aussenden oder ein SOS-Signal geben. Wenn Sie ein Feuer machen, achten Sie darauf, dass es nicht außer Kontrolle gerät und dass Sie genug Brennmaterial haben, um es über Nacht brennen zu lassen.
4. Versuchen Sie, Kontakt aufzunehmen: Wenn Sie ein Funkgerät oder ein Satellitentelefon haben, versuchen Sie, Kontakt mit der Außenwelt aufzunehmen. Senden Sie ein SOS-Signal oder einen Notruf und warten Sie auf eine Antwort.
5. Warten Sie auf Rettung: Wenn Sie keine Möglichkeit haben, sich selbst zu retten, müssen Sie warten, bis Hilfe eintrifft. Stellen Sie sicher, dass Sie warm bleiben und genügend Wasser und Nahrung haben, um mehrere Tage zu überleben.

Es ist wichtig, sich bewusst zu sein, dass eine Notlandung im Gebirge oder in unwegsamem Gelände extrem gefährlich sein kann. Es ist wichtig, ruhig zu bleiben und schnell zu handeln, um Ihre Überlebenschancen zu erhöhen

Szenario 11

Schnee und Erdlawinen

Um ein Erdrutsch oder eine Lawine zu überleben, ist es wichtig, schnell zu handeln und die richtigen Maßnahmen zu ergreifen. Hier sind einige Tipps:

1. Versuchen Sie, aus dem Weg zu kommen: Wenn Sie bemerken, dass sich ein Erdrutsch oder eine Lawine nähert, versuchen Sie, so schnell wie möglich aus dem Weg zu kommen. Wenn Sie nicht weglaufen können, suchen Sie schnellstmöglich Schutz.
2. Suchen Sie Schutz: Wenn Sie nicht schnell genug fliehen können, suchen Sie nach einem stabilen Schutz, z. B. einem Felsvorsprung oder einem stabilen Gebäude. Versuchen Sie, so tief wie möglich in den Schutz zu gehen, um vor herabfallenden Steinen und Trümmern geschützt zu sein.
3. Atmen Sie flach: Wenn Sie unter Trümmern begraben sind, versuchen Sie, ruhig zu bleiben und flach zu atmen, um nicht zu viel Sauerstoff zu verbrauchen. Schlagen Sie gegen eine feste Oberfläche, um auf sich aufmerksam zu machen.
4. Vermeiden Sie Panik: Panik kann Ihre Überlebenschancen verringern. Versuchen Sie, ruhig zu bleiben und sich auf Ihre Atmung zu konzentrieren, um Stress abzubauen.
5. Machen Sie sich bemerkbar: Wenn Sie unter Trümmern begraben sind, versuchen Sie, auf sich aufmerksam zu machen, indem Sie gegen feste Oberflächen schlagen oder laut schreien. Wenn möglich, versuchen Sie, ein Notfall-Signal abzusetzen.
6. Seien Sie bereit: Wenn Sie in Gebieten leben, die von Erdrutschen oder Lawinen betroffen sein können, seien Sie immer auf eine mögliche Evakuierung vorbereitet. Halten Sie eine Notfallausrüstung bereit und kennen Sie die Evakuierungspläne Ihrer Gemeinde

Hier sind einige Überlebenstipps, um ein Schneesturm zu überstehen:

1. Bleiben Sie im Inneren: Versuchen Sie, in Ihrem Zuhause oder einem anderen geschützten Ort zu bleiben, um sich vor den extremen Bedingungen des Schneesturms zu schützen.
2. Behalten Sie Ihre Körpertemperatur bei: Stellen Sie sicher, dass Sie sich warm halten, indem Sie mehrere Schichten Kleidung tragen und sich in eine Decke oder einen Schlafsack wickeln. Achten Sie auch darauf,
3. Ihre Extremitäten (Hände, Füße, Nase, Ohren) abzudecken, da diese am schnellsten unterkühlen.
4. Vermeiden Sie Anstrengung: Vermeiden Sie es, sich im Freien zu bewegen oder Anstrengungen zu unternehmen, um nicht zu überhitzen und zu viel Schweiß zu produzieren, was zu Unterkühlung führen kann.
5. Halten Sie sich hydratisiert: Trinken Sie regelmäßig Wasser oder andere Flüssigkeiten, um dehydrierung zu vermeiden. Vermeiden Sie Alkohol und Koffein, da diese dazu führen können, dass Sie mehr Flüssigkeit verlieren.
6. Sorgen Sie für ausreichende Belüftung: Stellen Sie sicher, dass Sie genügend Luft bekommen und dass die Luft in Ihrem Schutzraum ausreichend belüftet ist. Verwenden Sie keine Heizgeräte, die nicht dafür vorgesehen sind, da dies Kohlenmonoxidvergiftung verursachen kann.
7. Bleiben Sie in Kontakt: Versuchen Sie, eine Möglichkeit zu haben, um in Kontakt mit anderen Menschen oder Rettungsteams zu bleiben, falls Sie Hilfe benötigen.
8. Bewahren Sie Notfallausrüstung auf: Stellen Sie sicher, dass Sie in Ihrem Schutzraum genügend Vorräte für eine längere Überlebenszeit haben, wie z. B. Lebensmittel, Wasser, Medikamente, Wärmequellen und Notfallausrüstung.
9. Seien Sie bereit, Hilfe zu rufen: Wenn Sie glauben, dass Sie medizinische Hilfe benötigen oder Hilfe bei der Evakuierung benötigen, zögern Sie nicht, dies zu tun. Verlassen Sie sich nicht ausschließlich auf Ihre Überlebensfähigkeiten und -kenntnisse, wenn Sie in einer lebensbedrohlichen Situation sind.

# checkliste

Überlebenstools oder Survival-Ausrüstung können in einer Notfallsituation von unschätzbarem Wert sein. Hier sind einige der wichtigsten Ausrüstungsgegenstände, die Sie in einer Notfallsituation benötigen könnten:

1. Messer: Ein Messer ist eines der wichtigsten Werkzeuge in einer Überlebenssituation. Es kann zum Schneiden von Nahrung, zum Bauen von Schutzunterkünften oder für medizinische Zwecke verwendet werden.
2. Feuerstarter: Eine zuverlässige Möglichkeit, Feuer zu machen, ist entscheidend für das Überleben in der Wildnis. Ein Feuerstarter kann aus Streichhölzern, Feuersteinen oder Feuerzeugen bestehen.
3. Wasserfilter: Sauberes Trinkwasser ist ein Muss für das Überleben. Ein Wasserfilter oder ein Wasserreinigungssystem kann dazu beitragen, Krankheitserreger und Verunreinigungen aus dem Wasser zu entfernen.
4. Kompass und Karte: Eine Karte und ein Kompass können helfen, sich zu orientieren und den Weg zurück zur Zivilisation zu finden.
5. Notnahrung: Eine Notfallration mit haltbaren Lebensmitteln kann helfen, den Hunger zu stillen, bis weitere Nahrung gefunden werden kann.
6. Erste-Hilfe-Kit: Ein Erste-Hilfe-Kit ist wichtig für die Behandlung von Verletzungen und zur Vermeidung von Infektionen.
7. Schutzbekleidung: Kleidung, die vor den Elementen schützt, wie Regenkleidung, Thermounterwäsche oder Sonnenschutzkleidung, kann das Überleben in Extremsituationen erleichtern.
8. Signalgeräte: Signalgeräte wie Signalpfeifen, Leuchtstäbe oder Spiegel können dazu beitragen, Aufmerksamkeit zu erregen und Rettungskräfte aufmerksam zu machen.

Es ist wichtig zu betonen, dass die Wahl der Überlebensausrüstung von der Situation abhängt, in der Sie sich befinden. Daher ist es sinnvoll, Ihre Ausrüstung entsprechend anzupassen und zu ergänzen.

# Wie mache ich Feuer

Feuer zu machen kann in einer Notfallsituation, wie zum Beispiel beim Camping oder wenn man gestrandet ist, sehr hilfreich sein. Hier sind einige Schritte, die Ihnen dabei helfen, ein Feuer in einer Notfallsituation zu entzünden:

1. Wählen Sie einen sicheren Platz aus: Wählen Sie einen sicheren Platz aus, um das Feuer zu machen. Stellen Sie sicher, dass es in der Nähe keine brennbaren Gegenstände gibt, wie z.B. trockenes Gras, Zweige oder Laub, die Feuer fangen können.
2. Sorgen Sie für genügend Brennmaterial: Sammeln Sie trockenes Brennholz, Zweige, Gras oder Blätter, um als Brennmaterial zu dienen. Achten Sie darauf, dass das Brennmaterial trocken ist, damit es leichter Feuer fängt.
3. Machen Sie einen Feuerring: Verwenden Sie Steine oder Felsen, um einen Feuerring zu bilden. Der Feuerring wird dazu beitragen, das Feuer einzudämmen und zu verhindern, dass es sich ausbreitet.
4. Verwenden Sie Zunder: Zunder ist ein Material, das leicht brennt und als Anzünder für das Feuer dient. Verwenden Sie Materialien wie Papier, Stroh oder trockenes Gras als Zunder.
5. Entzünden Sie das Feuer: Stapeln Sie das Brennholz und die Zweige in der Mitte des Feuerrings. Platzieren Sie den Zunder unter dem Brennholz und verwenden Sie ein Feuerzeug oder Streichhölzer, um den Zunder anzuzünden. Pusten Sie das Feuer vorsichtig an und fügen Sie langsam mehr Brennholz hinzu, wenn das Feuer stärker wird.

Wichtig: Stellen Sie sicher, dass Sie das Feuer nicht unbeaufsichtigt lassen und immer sicherstellen, dass es vollständig gelöscht wird, bevor Sie den Platz verlassen.

# Wie mache ich Feuer mit Zunder

Es gibt viele Arten von Materialien, die als Zunder in einer Notlage verwendet werden können, wenn man keine Streichhölzer hat. Hier sind einige Beispiele:

1. Feuerstarter: Feuerstarter sind kleine Sticks oder Blöcke, die mit wachsgetränktem Papier oder Baumwolle hergestellt werden. Sie sind sehr leicht entzündbar und brennen lange genug, um das Brennholz oder die Zweige zu entzünden.
2. Funkenstab: Ein Funkenstab ist ein Werkzeug, das verwendet wird, um Funken zu erzeugen, die genug Hitze erzeugen können, um Zunder zu entzünden. Kratzen Sie mit einem Messer oder einer anderen harten Oberfläche gegen den Funkenstab, um Funken zu erzeugen.
3. Magnesiumfeuerstarter: Ein Magnesiumfeuerstarter ist ein Werkzeug, das aus einem Magnesiumstab und einem Feuerstein besteht. Kratzen Sie ein Messer gegen den Magnesiumstab, um Funken zu erzeugen, die das Magnesium entzünden.
4. Trockenes Gras oder Laub: Trockenes Gras oder Laub kann als Zunder verwendet werden, wenn es genügend getrocknet ist. Sammeln Sie genug trockenes Gras oder Laub, um es unter dem Brennholz oder den Zweigen zu platzieren.

Wichtig: Unabhängig davon, welches Material Sie als Zunder verwenden, stellen Sie sicher, dass es trocken ist, da feuchte Materialien schwerer zu entzünden sind.

# Wie mache ich Feuer ohne Zunder

Feuer ohne Zunder zu machen kann in einer Notfallsituation eine Herausforderung darstellen, aber es ist immer noch möglich. Hier sind einige Möglichkeiten, um Feuer ohne Zunder zu machen:

1. Feuerbohren: Feuerbohren ist eine alte Technik, bei der eine Holzstange schnell gegen eine trockene Holzplatte gedreht wird, um Wärme zu erzeugen und so den Zunder zum Brennen zu bringen.
2. Feuerstein und Stahl: Verwenden Sie einen Feuerstein und einen Stahl, um Funken zu erzeugen. Halten Sie den Feuerstein fest in einer Hand und schlagen Sie mit der anderen Hand das Ende des Stahls gegen den Feuerstein, um Funken zu erzeugen.
3. Bogen- und Bohrtechnik: Die Bogen- und Bohrtechnik ist eine andere alte Methode, bei der ein Stück trockenes Holz als Bohrer und ein anderes als Unterlage verwendet werden. Der Bohrer wird mit einem Bogen gedreht, um Reibung zu erzeugen, die den Zunder entzünden kann.
4. Sonnenenergie: Wenn es sonnig ist, können Sie Sonnenenergie nutzen, um ein Feuer zu entzünden. Verwenden Sie eine Lupe oder ein Objektiv, um das Sonnenlicht zu konzentrieren und den Zunder damit zu entzünden.

Wichtig: Es ist wichtig, Geduld und Ausdauer zu haben, wenn man versucht, Feuer ohne Zunder zu machen, da es Zeit und Übung erfordert, um die Technik zu beherrschen. Stellen Sie sicher, dass Sie in einer sicheren Umgebung arbeiten und achten Sie darauf, dass das Feuer unter Kontrolle bleibt, wenn es erst einmal brennt.

Gerne erläutere ich die oben genannten Techniken, um Feuer ohne Zunder zu machen, etwas detaillierter:

1. nd Unterlage wird Wärme erzeugt, die den Zunder entzünden kann.
2. Sonnenenergie: Wenn es sonnig ist, können Sie Sonnenenergie nutzen, um Feuerbohren: Diese Technik erfordert eine Holzstange (Bohrer) und eine trockene Holzplatte (Unterlage). Die Bohrerstange sollte in einem flachen Winkel gegen die Unterlage gehalten werden und dann schnell zwischen den Handflächen gerieben werden, um sie in Drehung zu versetzen. Die Reibung zwischen Bohrer und Unterlage erzeugt Wärme, die den Zunder entzünden kann. Es kann einige Zeit und Übung erfordern, um diese Technik zu beherrschen, aber es ist eine sehr effektive Methode, um Feuer zu machen.
3. Feuerstein und Stahl: Diese Technik erfordert einen Feuerstein und einen Stahl. Halten Sie den Feuerstein fest in einer Hand und schlagen Sie mit der anderen Hand das Ende des Stahls gegen den Feuerstein, um Funken zu erzeugen. Richten Sie die Funken auf den Zunder und blasen Sie darauf, bis er entzündet.
4. Bogen- und Bohrtechnik: Die Bogen- und Bohrtechnik erfordert eine Holzstange (Bohrer) und eine trockene Holzplatte (Unterlage). Um diese Technik durchzuführen, wird die Bohrerstange in einem flachen Winkel auf die Unterlage gehalten, und dann wird ein Bogen um die Stange herum angebracht. Der Bogen wird schnell vor- und zurückbewegt, um die Bohrerstange in Rotation zu versetzen. Durch die Reibung zwischen Bohrer uein Feuer zu entzünden. Verwenden Sie eine Lupe oder ein Objektiv, um das Sonnenlicht zu konzentrieren und den Zunder damit zu entzünden. Halten Sie die Linse so, dass das Sonnenlicht auf den Zunder fällt, bis er entzündet ist.

# Wie filtere ich Wasser

Wenn Sie in einer Notfallsituation sind und kein sauberes Trinkwasser zur Verfügung haben, ist es wichtig, dass Sie Wasser filtern, um sicherzustellen, dass es sicher zum Trinken ist. Hier sind einige Möglichkeiten, wie Sie Wasser in einer Notfallsituation filtern können:

1. Sieden: Eine der einfachsten Methoden, um Wasser zu filtern, ist es zu kochen. Bringen Sie das Wasser zum Kochen und lassen Sie es dann mindestens 1 Minute lang kochen, um alle Bakterien, Viren und Parasiten abzutöten. Lassen Sie das Wasser danach abkühlen und es ist bereit zum Trinken.
2. Behandlung mit Jod- oder Chlor-Tabletten: Sie können Wasserfilter-Tabletten kaufen, die Jod oder Chlor enthalten. Diese Tabletten sind in der Lage, Bakterien, Viren und Parasiten im Wasser abzutöten. Geben Sie die Tabletten in das Wasser und lassen Sie das Wasser mindestens 30 Minuten lang stehen, bevor Sie es trinken.
3. Natürliche Filtermethoden: Sie können auch natürliche Filtermethoden verwenden, um das Wasser zu filtern. Eine Möglichkeit ist es, das Wasser durch Schichten von Sand, Kies und Steinen zu leiten. Sie können auch eine Socke oder ein T-Shirt als Filter verwenden, indem Sie das Wasser durch das Material laufen lassen.
4. Wasserfilter: Wenn Sie einen Wasserfilter zur Hand haben, können Sie ihn verwenden, um das Wasser zu filtern. Es gibt verschiedene Arten von Wasserfiltern auf dem Markt, aber stellen Sie sicher, dass der Filter in der Lage ist, Bakterien, Viren und Parasiten aus dem Wasser zu entfernen.

Es ist wichtig zu beachten, dass diese Methoden das Wasser nur filtern und nicht von Chemikalien oder Schwermetallen reinigen können. Wenn Sie befürchten, dass das Wasser auch Chemikalien oder Schwermetalle enthält, müssen Sie möglicherweise weitere Schritte unternehmen, um es sicher zu machen.

# Wie Baue ich mir ein Unterschlupf

Um einen Unterschlupf in einer Notfallsituation zu bauen, können Sie die folgenden Schritte befolgen:

1. Wählen Sie den richtigen Ort: Wählen Sie einen Ort, der vor den Elementen wie Wind, Regen und Schnee geschützt ist. Stellen Sie sicher, dass der Boden flach ist und nicht überflutet wird.
2. Sammeln Sie Materialien: Sammeln Sie Materialien aus der Umgebung, um den Unterschlupf zu bauen. Dies können Zweige, Äste, Blätter, Gras und andere natürliche Materialien sein. Sie können auch eine Plastikfolie oder eine Plane verwenden, wenn Sie sie zur Verfügung haben.
3. Wählen Sie einen Baustil: Es gibt verschiedene Arten von Unterschlupfarten, die Sie bauen können. Die gebräuchlichsten sind der A-Frame, der Wickel- oder Löffelbau und der Debris Shelter.

- A-Frame: Ein A-Frame ist ein einfaches Dreieck, das aus zwei Längsstangen und einem Querbalken besteht. Legen Sie die Stangen auf den Boden und legen Sie den Querbalken auf die Oberseite. Decken Sie den Rahmen mit Zweigen, Blättern und Gras ab.
- Wickel- oder Löffelbau: Bei einem Wickel- oder Löffelbau werden Zweige, Blätter und Gras um einen Hauptstamm gewickelt oder aufgetürmt, um einen Hohlraum zu schaffen. Legen Sie sich in den Hohlraum und bedecken Sie ihn mit weiteren Zweigen, Blättern und Gras.
- Debris Shelter: Ein Debris Shelter besteht aus einem Rahmen aus Zweigen und Ästen, der mit Laub, Gras und anderen natürlichen Materialien bedeckt ist. Legen Sie sich in den Hohlraum unter dem Dach.

4. Bauen Sie den Unterschlupf: Sobald Sie sich für einen Baustil entschieden haben, können Sie mit dem Bau beginnen. Verwenden Sie die Materialien, die Sie gesammelt haben, um den Rahmen zu bauen und ihn dann mit Zweigen, Blättern und Gras abzudecken. Stellen Sie sicher, dass der Unterschlupf stabil ist und nicht einstürzt.
5. Fügen Sie eine Isolierung hinzu: Um warm zu bleiben, können Sie Blätter, Gras oder Moos als Isolierung verwenden. Legen Sie sie auf den Boden im Inneren des Unterschlupfs oder legen Sie sie auf den Rahmen, bevor Sie ihn mit anderen Materialien abdecken.

Es ist wichtig zu beachten, dass der Bau eines Unterschlupfs in einer Notfallsituation Zeit und Energie erfordert. Wenn Sie sich in einer kritischen Situation befinden, sollten Sie schnell handeln und sich darauf konzentrieren, sich warm und sicher zu halten.

# Wie Baue ich Fallen

Um eine Falle in einer Notfallsituation zu bauen, sollten Sie die folgenden Schritte befolgen:

1. Wählen Sie den richtigen Ort: Suchen Sie nach einem Ort, an dem Tiere, die Sie fangen möchten, häufig vorbeikommen. Dies kann in der Nähe von Wasserquellen, Futterquellen oder Wanderwegen sein. Sie sollten auch auf das Vorhandensein von Tierfährten und -spuren achten.
2. Sammeln Sie Materialien: Sammeln Sie Materialien aus der Umgebung, um die Falle zu bauen. Dies können Zweige, Äste, Steine, Blätter, Ranken und andere natürliche Materialien sein. Sie können auch Draht, Angelschnur oder Paracord verwenden, wenn Sie es zur Verfügung haben.
3. Wählen Sie eine Falletyp: Es gibt verschiedene Arten von Fallen, die Sie bauen können. Die gebräuchlichsten Fallenarten sind Schlingen, Fallgruben und Stolperdrähte. Die Wahl der Falle hängt von der Tierart ab, die Sie fangen möchten, sowie von den Materialien, die Ihnen zur Verfügung stehen.

- Schlingenfallen: Schlingenfallen sind eine der einfachsten und effektivsten Fallen. Sie bestehen aus einer Schlinge, die um den Hals oder Körper des Tieres gelegt wird. Wenn das Tier durchläuft, zieht sich die Schlinge zu und fängt das Tier.
- Fallgruben: Fallgruben sind Löcher im Boden, die mit Stöcken oder Zweigen bedeckt sind, um sie zu tarnen. Das Tier fällt in die Grube und kann nicht entkommen.
- Stolperdrähte: Stolperdrähte sind Schnüre oder Drähte, die über einen Pfad oder eine Öffnung gespannt werden, die das Tier passieren muss. Wenn das Tier durchläuft, stolpert es und wird gefangen.

4. Bauen Sie die Falle: Sobald Sie die Art der Falle ausgewählt haben, können Sie mit dem Bau beginnen. Verwenden Sie die Materialien, die Sie gesammelt haben, um die Falle zu bauen. Stellen Sie sicher, dass die Falle stabil ist und das Tier nicht verletzt wird.
5. Stellen Sie die Falle auf: Platzieren Sie die Falle an einem Ort, an dem Tiere häufig vorbeikommen. Tarnen Sie die Falle mit Zweigen, Blättern und anderen natürlichen Materialien, um zu verhindern, dass das Tier die Falle erkennt. Sie sollten auch darauf achten, dass Sie keine Spuren hinterlassen, die Tiere abschrecken könnten.

Es ist wichtig zu beachten, dass das Fangen von Wildtieren in einigen Gebieten illegal ist und Sie sich an lokale Gesetze und Vorschriften halten sollten.

Wenn Sie in einer Notfallsituation sind, sollten Sie sicherstellen, dass Sie nur Tiere fangen, die für den menschlichen Verzehr geeignet sind.

In einer Notfallsituation kann das Fangen von Fischen eine wichtige Überlebensstrategie sein. Hier sind einige Möglichkeiten, wie man in einer solchen Situation Fische fangen kann:

1. Angelrute: Wenn Sie eine Angelrute und -köder zur Verfügung haben, können Sie versuchen, Fische aus dem Wasser zu fangen. Achten Sie darauf, einen geeigneten Angelplatz auszuwählen und die Angelrute ruhig zu halten, damit die Fische nicht abgeschreckt werden.
2. Handangel: Eine Handangel ist eine einfachere Alternative zur herkömmlichen Angelrute. Sie besteht aus einer Schnur, einem Haken und einem Köder. Tauchen Sie den Haken ins Wasser und warten Sie, bis ein Fisch anbeißt.
3. Fischernetz: Wenn Sie ein Fischernetz zur Verfügung haben, können Sie es verwenden, um Fische zu fangen. Werfen Sie das Netz ins Wasser und ziehen Sie es langsam wieder heraus. Achten Sie darauf, das Netz langsam zu bewegen, damit die Fische nicht abgeschreckt werden.
4. Fischspeer: Ein Fischspeer kann auch verwendet werden, um Fische zu fangen. Ein gut platzierter Wurf kann einen Fisch sofort töten oder betäuben, so dass er leichter gefangen werden kann.
5. Fischfallen: Eine Fischfalle kann aus verschiedenen Materialien wie Stöcken, Steinen, Netzen oder Körben hergestellt werden. Die Falle wird in das Wasser gestellt und der Fisch schwimmt hinein, aber kann nicht mehr herauskommen.

Es ist wichtig zu beachten, dass das Fangen von Fischen je nach Umgebung und Situation unterschiedlich sein kann. Es ist immer ratsam, sich vorher über die örtlichen Fischereibestimmungen und potenzielle Risiken wie giftige Fische oder unsichere Gewässer zu informieren.

Wenn Sie in einer Notfallsituation sind und keine Lebensmittel zur Verfügung haben, ist es wichtig, dass Sie versuchen, so viele Kalorien wie möglich zu sich zu nehmen, um zu überleben. Hier sind einige Nahrungsmittel, die Sie in einer Notfallsituation essen können:

1. Konserven: Wenn Sie Konserven zur Hand haben, können Sie diese öffnen und das Essen direkt aus der Dose essen. Konserven haben eine lange Haltbarkeit und enthalten oft Proteine und Kohlenhydrate.
2. Trockene Nahrungsmittel: Trockene Nahrungsmittel wie Reis, Nudeln und Müsli haben auch eine lange Haltbarkeit und können einfach zubereitet werden. Sie können diese Nahrungsmittel mit Wasser oder Brühe kochen, um sie essbar zu machen.
3. Nüsse und Samen: Nüsse und Samen sind eine gute Quelle für gesunde Fette und Proteine. Sie können auch in der Natur gefunden werden, wenn Sie in der Wildnis sind.
4. Energieriegel: Energieriegel sind einfach zu transportieren und enthalten oft viele Kalorien und Nährstoffe. Sie können auch selbstgemachte Energieriegel aus Nüssen, Samen, Haferflocken und Honig herstellen.
5. Getrocknete Früchte: Getrocknete Früchte enthalten viele Vitamine und Mineralien und können als Snack gegessen werden. Sie können auch in der Natur gefunden werden, wenn Sie in der Wildnis sind.

Es ist wichtig, dass Sie in einer Notfallsituation so viele Nährstoffe wie möglich zu sich nehmen, um Ihr Überleben zu gewährleisten. Vermeiden Sie jedoch Nahrungsmittel, die verderben können oder die Sie allergisch sind.
Natürlich gibt es noch weitere Details zu beachten, wenn es darum geht, was man in einer Notfallsituation essen kann:

1. Wildpflanzen: Wenn Sie in der Natur sind, können Sie möglicherweise essbare Pflanzen finden. Es ist jedoch wichtig, dass Sie genau wissen, welche Pflanzen essbar sind und welche giftig sein können. Suchen Sie nach einem erfahrenen Führer oder informieren Sie sich im Vorfeld über essbare Wildpflanzen in der Gegend.
2. Fleisch: Wenn Sie Fleisch essen möchten, ist es am besten, es gründlich zu kochen, um Bakterien abzutöten. Vermeiden Sie es jedoch, Fleisch von kranken oder toten Tieren zu essen, da dies Krankheiten verursachen kann.
3. Insekten: Insekten wie Heuschrecken und Käfer können auch gegessen werden, da sie eine gute Quelle für Proteine.
4. Pilze dabei ist zu beachten ,nur pilze zu nehmen die zum Verzehr geeignet sind.

# Wildpflanzen die Essbar sind

1. Brennnessel: Brennnesseln haben viele Nährstoffe und können gekocht oder roh gegessen werden. Es ist wichtig, Handschuhe zu tragen, wenn Sie Brennnesseln sammeln, um Verbrennungen zu vermeiden.
2. Löwenzahn: Löwenzahnblätter können gegessen werden und haben einen bitteren Geschmack. Sie können auch zu Salaten oder Suppen hinzugefügt werden.
3. Giersch: Giersch hat einen milden Geschmack und kann in Salaten, Suppen oder als Beilage gegessen werden.
4. Sauerampfer: Sauerampfer hat einen sauren Geschmack und kann zu Salaten oder Suppen hinzugefügt werden.
5. Vogelmiere: Vogelmiere hat einen milden Geschmack und kann roh gegessen oder in Salaten verwendet werden.

Es ist wichtig, dass Sie immer sicherstellen, dass Sie die Pflanzen, die Sie sammeln möchten, korrekt Identifizieren können. Wenn Sie sich nicht sicher sind, ob eine Pflanze essbar ist oder nicht, sollten Sie sie vermeiden.

## Pilze die Essbar sind

Es gibt viele essbare Waldpilze, aber es ist wichtig zu wissen, dass einige Pilze giftig sind und schwerwiegende Krankheiten verursachen können, wenn sie gegessen werden. Hier sind einige essbare Waldpilze, die in vielen Regionen der Welt vorkommen:

1. Steinpilz: Steinpilze sind sehr beliebte essbare Pilze mit einem milden, nussigen Geschmack. Sie können gekocht oder gebraten gegessen werden und sind oft in der italienischen und französischen Küche zu finden.
2. Pfifferlinge: Pfifferlinge haben einen süßen, nussigen Geschmack und sind sehr aromatisch. Sie können gebraten, gekocht oder in Suppen und Saucen verwendet werden.
3. Morcheln: Morcheln haben einen erdigen, würzigen Geschmack und sind in der Regel in der Frühjahrssaison erhältlich. Sie können gebraten oder gekocht gegessen werden und sind eine beliebte Zutat in vielen Gerichten.
4. Herbsttrompeten: Herbsttrompeten haben einen milden, aber reichhaltigen Geschmack und können gebraten oder gekocht gegessen werden. Sie sind oft in der Herbstsaison erhältlich.

Es ist wichtig zu beachten, dass das Sammeln von Pilzen sehr gefährlich sein kann, wenn man nicht weiß, was man tut. Wenn Sie sich nicht sicher sind, ob ein Pilz essbar ist oder nicht, sollten Sie ihn vermeiden oder von einem erfahrenen Sammler oder Pilzexperten prüfen lassen.

# Beeren die Essbar sind

Es gibt viele essbare Waldbeeren, die in verschiedenen Regionen der Welt
vorkommen. Hier sind einige Beispiele:

1. Blaubeeren: Blaubeeren sind eine der bekanntesten essbaren Waldbeeren
   und sind reich an Antioxidantien und Vitaminen. Sie können roh gegessen, zu
   Smoothies oder Marmeladen verarbeitet werden.
2. Himbeeren: Himbeeren sind saftige Beeren mit einem süßen Geschmack und
   können roh gegessen oder zu Desserts und Backwaren hinzugefügt werden.
3. Brombeeren: Brombeeren sind süße und saftige Beeren und können roh
   gegessen oder zu Marmeladen und Backwaren verarbeitet werden.
4. Holunderbeeren: Holunderbeeren haben einen herben Geschmack und
   können zu Marmeladen, Sirupen oder Likören verarbeitet werden.

Es ist wichtig, dass Sie sich über die Beeren, die in Ihrer Region wachsen,
informieren und sicherstellen, dass Sie nur essbare Beeren sammeln. Einige Beeren
können giftig sein und sollten vermieden werden.

# Wie mache ich Notsignale

Es gibt verschiedene Methoden, um in einer Notsituation Signale abzusetzen und um Hilfe zu rufen. Hier sind einige detaillierte Informationen zu einigen gängigen Notfall-Signalmethoden:

1. Akustische Signale: Zu den akustischen Signalen gehören Schreie, Pfeifen, Trillerpfeifen, Hörner, Tröten, Glocken und Signalraketen. Wenn Sie in einer Notsituation sind, können Sie versuchen, so laut wie möglich zu schreien oder ein Pfeifsignal abzugeben, um die Aufmerksamkeit anderer zu erregen. Trillerpfeifen und Hörner können ebenfalls sehr laut sein und können von anderen in der Nähe gehört werden. Signalraketen sind besonders nützlich bei schlechten Sichtverhältnissen und können auf große Entfernungen sichtbar sein.

2. Optische Signale: Optische Signale umfassen das Entzünden eines Feuers, das Blinken mit einem Spiegel oder einer Taschenlampe und das Aufstellen von Signalflaggen. Wenn Sie in der Wildnis gestrandet sind, kann das Entzünden eines Feuers eine der besten Möglichkeiten sein, um Hilfe zu rufen. Verwenden Sie trockenes Holz und Gras, um ein Feuer zu entfachen, das groß und rauchig ist. Wenn Sie keinen Feuerstein haben, können Sie mit einer Batterie und einem Stück Stahl oder einem Schleifstein Funken erzeugen. Ein Spiegel oder eine Taschenlampe können verwendet werden, um in der Sonne reflektierende Signale abzugeben. Signalflaggen können verwendet werden, um Hilfe zu signalisieren, indem sie in einem großen offenen Bereich aufgestellt werden.

3. Elektronische Signale: Elektronische Signale umfassen das Senden von Notrufen über Satellitentelefone, Handys und Radios. Wenn Sie ein Satellitentelefon haben, können Sie einen Notruf an die nächstgelegene Rettungsstelle senden. Handys können auch verwendet werden, um einen Notruf abzusetzen, wenn Sie in einem Gebiet mit gutem Empfang sind. Tragbare Radios können verwendet werden, um Notrufe abzusetzen und um Informationen von Rettungsdiensten zu empfangen.

Es ist wichtig zu beachten, dass Sie nur dann Signale abgeben sollten, wenn Sie sicher sind, dass jemand in der Nähe ist und in der Lage ist, Ihnen zu helfen. Verschwenden Sie keine Energie oder Ressourcen, um Signale zu senden, wenn es unwahrscheinlich ist, dass Sie gefunden werden. Es ist auch wichtig, dass Sie Ihre Signale in einem Rhythmus wiederholen, um sicherzustellen, dass sie gehört oder gesehen werden.

# Nachwort

Liebe Leserinnen und Leser,

ich hoffe, dass dieses Hand Buch Ihnen dabei geholfen hat, sich auf den Ernstfall vorzubereiten und Ihnen wertvolle Informationen und Tipps gegeben hat, um in Notfallsituationen zu überleben.

Es ist wichtig zu verstehen, dass es keine Garantie für eine erfolgreiche Überlebensstrategie in jeder Situation gibt. Jeder Notfall ist einzigartig und erfordert möglicherweise unterschiedliche Fähigkeiten und Herangehensweisen. Eine gute Vorbereitung und die Kenntnis von Überlebensfähigkeiten können jedoch einen großen Unterschied ausmachen.

Vergessen Sie nicht, dass Sie in Notfallsituationen auch auf Ihre eigene Intuition und Ihren gesunden Menschenverstand vertrauen sollten. Machen Sie sich mit Ihrer Umgebung vertraut, lernen Sie Überlebensfähigkeiten und bleiben Sie ruhig und konzentriert.

Ich hoffe, dass Sie dieses Buch als wertvolle Ressource nutzen und Ihre Überlebensfähigkeiten verbessern können, um in Notsituationen bestmöglich zu handeln.

Passen Sie auf sich auf und bleiben Sie sicher.


J.Sander Überlebener